AF189361

# Ein bunter Strauß
# aus dem Alpha-Beet

**Maja Vandenwald**

# Ein bunter Strauß
# aus dem Alpha-Beet

ABC-Geschichten
Alliterationen

©Maja Vandenwald
2. Auflage September 2017
Illustration: Ulrike Spieckermann
Foto: Fotolia

Herstellung und Verlag: BoD
Books on Demand, Norderstedt

ISBN: 978-3-744856-30-0

# Inhalt

Alliterationen
Humorvolle Texte, in denen jedes Wort
mit demselben Buchstaben beginnt.

27 vergnügliche, teils mehr, teils weniger
sinnvolle Begebenheiten zum Schmunzeln
und Wundern quer durchs Alpha-Beet

Am Anfang aß Anton ausschließlich Austern, allerdings aufgrund allergischer Anlagen allenfalls angebraten.

Als aber Alpträume anfingen, aktivierte Anton andere Angewohnheiten. Alsbald angelte Anton Aal anstatt Austern, aber als andauerndes Aufstoßen anfing, attackierten auch Altbier, Amaretto, Anis, Avocados ausnahmsweise Appendix als auch Anus.

Anhand anständiger Antibiotika avancierte Anton als Arzt, assistierte anderen Allergikern als Akt anerkennender Achtung.

Als akribischer Allergologe Anerkennung anhäufen, als Abenteurer abfliegen – alles andere akquiriert Abscheu.

# B

Birkenbäume bilden bald Baby-Blättchen. Buchen bieten biederen Borkenkäfern bequeme Behausungen. Beim Barbecue bilden Bratwürstchen beste Bräunung, beißen brave Beamte beherzt bei brutzelnden Buletten brühwarmes Brot. Birgit bekommt bröckelnden Brokkoli, Bier bekommen bekanntlich Burschen, billiges Blubberwasser bietet bezaubernden Begleiterinnen beste Befeuchtung. Beim Ball balzen Bankbeamte, Bierbrauer, Bärenjäger, barocke Ballerinas. Barbusige Bardamen bescheren betrunkenen Bürgern bestes Bockbier. Beim Beaujolais bekennen bezaubernde Bienen beginnende Begierde. Bekannte Balladen beflügeln benebelte Banausen. Bisher bekleidete Bereiche bieten Blicken beste Bedingungen. Balzzeit.

# *C*

Callgirl Chiara, charmantes, charismatisches, cleveres Chamäleon, coached chillend coole Computercracks, cholerische Croupiers, chinesische Copiloten, chauvinistische Cellisten, couragierte Chirurgen, charakterlose Chefs, Chöre, Christkind, checked Cafés, Coca Cola, Chemnitz, Champignons, Chablis, Cabriolets, Crevetten, Christstollen, chattet chaotische Chosen. Cheerio!

# D

Drei dänische Dermatologen drücken drei dicken, drallen Damen die Daumen, dass diese dauerhaft die dekorativen, dekolletierten Dirndls des dekadenten Designers demonstrieren dürfen. Dennoch: der Designer, der Depressionen durchlebt, diskriminiert die dicken, drallen Damen. Die dünnen Diven dürfen die dicken, drallen Damen doubeln. Das, denken die dicken, drallen Damen, darf der dreiste Dreckskerl durchboxen? Dummheit! Die Damen drohen: Disput, Drama, Duell! Duck dich, du Drohne! Der Dolch durchbohrt den Darm des Designers, der daraufhin dezent dahinscheidet, der Depp. Delikates Desaster. Die dänischen Dermatologen drehen derweil Däumchen, denn denen dämmert, dass dies durchaus Delikt darstellt, denunzieren darum die dicken, drallen Damen, Diagnose: digestiver Dilettantismus. Da: die dänische Draisine! Dann düsen die dänischen Dermatologen davon.

# E

Eva entfernte eifrig einen ekligen Engerling, Eigentum einer eitlen Elster, erntete entgegen euphorischer Erwartungen einen entrüsteten Exzess europäischer Enten, ebenso erpicht, exhumierte Engerlinge ersatzweise einzunehmen.

Ei, ei, erschallte einer Eule ernster Einwand, eure Ernährung erlaubt euch eine erfreulich ergiebige Esskultur, erkämpft euch euer Eiweiß ergo engagiert, einvernehmlich, einigt euch eindeutig.

Eigenbrötlerei erzeugt eigennützige Effekte.

# F

Fesche Frauenhelden flirten forsch, finden fantastische Frauen.

Fette Fabrikarbeiter fahren Ford, faule Farmer furzen fortissimo, feige Fischer fangen Forellen, fleißige Fensterputzer fertigen feste Fesseln, fidele Förster fackeln fulminante Feuerwerke, Friseure frittieren Fleisch, feiste Fleischer fördern fiese Flecken, Fotografen filmen freche Früchtchen, frustrierte Funker fummeln fühlbar, Fußballer füßeln.

Frauen fürchten falsche Freunde, findige Forscher, freien freudig farblose Finanzbeamte.

# G

Großkotzige Gutsbesitzer gären gelben Gerstensaft. Geschäfte gehen gut, gerne gurgeln gesellige Gärtner ganze Gallonen. Gemeinsam genießen geschlechtsreife Germanen Gläser gut gebrauten Gesöffs. Gelegentlich geleiten grazile Gattinnen, gekünstelt grinsend, grölenden Gatten Gefälligkeit gewährend, ganze Gruppen gieriger Gecken. Genau genommen genießen gerade geifernde Gespielinnen gemeinschaftliches Gegröle, Gehopse, gern geheimes Gefummel. Geiler Geldadel gesteht: Grundlage geselliger Gemeinsamkeit gefällt ganzheitlich.

Hundert hübsche homosexuelle hyperventilie-
rende Helden heben heute hastig hintereinander
historische Helikopter himmelwärts, heiter han-
tierend, heimlich horchend, heiße Höschen, Hem-
den, Hüte herunterreißend, Hormone hüpfen,
Haare hängen herab. Hoteleigene hygienische
Hauben helfen hernach herzhaften Hackepeter
herzustellen.
Häusliche Harmonie hilft hitzige Herrenher-
zen heilen. Humpen hoch.

*I*

In Italien investieren indische Ingenieure in idyllische Inseln. Internationales Interesse ist immens. Investoren inspizieren indes indiskret ihre im Internet inserierten Impressionen. Ignorante Idioten, im Interview identifiziert, impertinent, inakzeptabel, infiltrierten im Innendienst inkognito Italiens Innenministerium.

Informationen insgeheim im Interesse interkultureller Interaktion in Irland installiert. Irrläufer, irrelevant.

Ist immer irgendwie irre in Italien.

# J

Junge jodelnde Japaner jagen jubelnd jog-
gende Jecken. Jeder Jeck jammert: jedes Jahr jäh-
zornige Jäger! Jedoch jettet Jurastudent Jürgen
juhu juvenil jäh jenseits Jauchegruben, Japaner
jedoch japsen jämmerlich, juckende Jauche jong-
lierend. Joachim johlt: Jackpot, Jokus, Jagertee,
Joghurt, Jever, japanischer Jasmintee! Jugend-
gruppe justiert Jumbo Jukebox, jedenfalls jodeln
jetzt Jecken japanisch.

# K

Kännchen Kaffee? Klar, Kardiologen konsumieren kiloweise Kaffee, kapiert? Kann kalter Kaffee kacken katalysieren? Kerle kaufen kein Klistier, kippen kalten Kaffee, Klogang kommt. Kerlokiste, klingt kess. Kiffer kotzen, kriegen Krämpfe, kluge Köpfe kollektieren Kotzbeutel. Kinder kollabieren, kriegen keinen Kaffee. Kollegen kaufen kolumbianischen Kaffee, Kommentar: keine Kalorien, keine Kondensmilch. Koffein ködert Krawattenträger, Konzentration kann klappen. Kunden kriegen Kaffee, kaufen kritikloser. Kranke kriegen Kamillentee, Kaffee kurzfristig kontraindiziert. Kaffeetrinker kennen keine Kompromisse. Kellner, Kännchen Kaffee!

# L

Lila Lippen lauern leise. Laszive Luder lümmeln lässig längs Luxusyachten. Ledige Lüstlinge lächeln, leider Ladies liebend. Lovestorys laufen letztlich lahm. Los, los, lacht Lola, Lunch: lecker Lamm, Lachs, Lambrusco locken liberale Lesben. Lauwarme Leichtathleten lutschen labberigen Leinsamen. Lebensmittel liefern Lebenskraft, Lauch lässt Läufer Legendäres leisten. Larifari! Lamentieren Lebedamen. Lieber langsam laufen, Leckereien laden. Lediglich luxuriöses Leben lockt. La Ola.

# M

Meine Mutter meint: Milch macht müde Männer munter, macht manchmal mittags Milchsuppe. Meine Meinung: Märchen! Männer mögen Mett! Mir mundet mehr mediterrane Minestrone mit Majoran. Mein Magen mag Milch morgens mit Muckefuck. Mittags macht mich Milch melancholisch. Mir mundet momentan mehr Mozzarella, möchte monotone Mahlzeiten meiden. Mama, mach mal Mascarpone mit Mirabellen. Müsli mit Milch macht morgens Muskelpakete. Möchte morgen Molkereiprodukte mit Monsterkühen malen. Manno, Mama!

# N

Nach Neuseeland! NSA-Nacktscanner? Nein, niemals. Nackige Nudisten nörgeln. Neugierige Norweger nehmen neuerdings nur nervöse Nymphomaninnen. Nicht nachmachen! Naive norddeutsche Nonnen nehmen nacheinander niedergeschlagen noch Nescafé, nützt nichts. Nervenstarke Neurologen necken namenlose Näherinnen. Nadelöhr Nacktscanner nützt niemandem, nur Narren.

# O

Onkel Oskar ordert Orangensaft. Obacht!
Obschon Obst optisch ordentlich – organisch of-
fenbaren Ökologen oft obendrein Oberflächenbe-
handlung. Obrigkeit orakelt: obligatorischer Obst-
saft – öffnet Optionen ohne Obstipation. Ohne
Obligo.

# P

Paffende pausbäckige Pfaffen pilgern Palm-
sonntag peu à peu per Pedes per Paderborn, pam-
pig Prozession partizipierend, packen penibel
pralle Pakete: Pralinen, Pepsi, Piccolo – pausie-
ren, prassen, picheln Pils – Prosit, Pharisäer! Pa-
parazzi petzen. Pressekonferenz – Priester: par-
don. Praktikant provoziert profane Probleme.
Papst protektiert Petrijünger, Protestanten prus-
ten: Papisten, pah!

Quadratische Quallen-Quaddeln – quietsch!
Qualifizierte Quacksalber quirlen Quark, quartie-
ren quasi Quoten-Quarantäne, Quengelei.
Quatsch! Quintessenz: quittiere Quaddeln quick-
lebendig, quetsche querbeet. Quälerei!

# R

Räudige Rudel Rüden rennen Richtung Rentner Rudi, riechen Rind. Raffinierte Reaktion: rohes Rinderfilet rüberwerfen. Rasende Retriever-Rüden raufen rücksichtslos, reißen Rinderfiletstücke raus Richtung Rachen. Rudis Regierung rast: rausgeschmissene Ressourcen. Rudi rülpst resigniert.

# S

Sieben süße sabbernde, saugende, schmatzende sauerländische Säuglinge speisen später sämtlich Sauerländer Schinken, Schmorbraten, saufen Schnaps, spielen Shatterhand, stürmen Scheunen, scheren Schafe, schätzen Schützenfeste, sechs Sprösslinge schäkern schüchtern, safer Sex, scharfe Skihasen, schwächeln – schwupps: Standesamt. Scheiße. Seitdem Selters statt Sekt, sparen, streben, seriöses Studium, selten Spaß, schließlich Steuerberater. Siebter scheint schwul, spießige Sippe stocksauer, schwierige Situation. Schwuler schneidert schicke Sakkos. Spitzenqualität. Seither ständiger Stilberater singender Showstars. Sippe stolz. Sechs stinknormale Sauerländer schicken schillerndem Schwulen ständig Schnapsproben, suggerieren Sympathie. Schließlich Schützenfest, sieben stinknormale Sauerländer saufen, speisen, singen, schlafen schließlich stehend.
Sauerland.

# T

Tollpatschige Tanten tragen teure transparente Tangas, tanzen tagelang Tango, tasten Tanzpartners Testikel. Tolles Tabuthema. Tanzpartner trägt Toupet, transpiriert – traurig. Tanten trinken täglich Tonikum, trotzdem teigiger Teint, tiefe Titten, Thrombose, tonnige Taillen – Tatsache. Tanzpartner tiefgekühlt – typisch. Tückisches Techtelmechtel, tschüss Tugend. Tipp: Therapeuten tanzen Twist, trinken trockenen Tinto – toller Tausch.

# U

Unsere Uta umarmt ungeduldig unseren unmanierlichen, unrasierten, unmöglichen Urgroßvater. Unser Uropa, Urviech, Ursache unseres Unmuts, uriniert Unmengen, um uns unseren Urlaub umzukrempeln. Unsere Usedomer Umgebung urteilt umgehend: Uropas unseriöses, unschönes Urinieren unterliegt unzweifelhaft uretischen Umtrünken. Unterputz-Ultraschall-Untersuchung untermauert Uropas Unvermögen unauffälligen Urinierens. Uropa umquartieren? Unmöglich. Unser Urlaub: unweigerlich um.

Viele verbeulte, veraltete Volvos verursachen Verdruss. Vereine verhindern Verschrottung. Verzweifelte Veteranen verfluchen verdreckte Ventile, verlustige Vorderreifen, veraltete Verbandskästen, verpfuschtes Verspachteln. Vorgestern verursachten vier virile volltrunkene Väter Verkehrschaos. Völlig verkatert vorerst Vorbeugehaft, vielleicht Vollkasko-Versicherungsfall. Versicherungsvertrag verspielt, verdammte Verlockung. Volvo-Vereinsmitgliedschaft? Vorbei. Verantwortungsbewusster Vorstand verwehrt Vätern Verzeihung.

# W

Weinerliche, wabbelige Weiber wollen wieder Watt wandern. Wie witzig! Wenig Wind, Wellen weg, Weiber waten weiter, windende Wattwürmer werfend. Wattführer warnt: Wetter wird windig. Weiber watscheln weiter, wollen würzige Würstchen, Waffeln, Wacholder – wie widerlich! Wattführer wandert wortkarg weiter, wohl wissend: wogende Wellen werden Wasser wirbeln, Weiber werden würgen, weinen. Weiter, weiter, wehe, wehe, Windeseile. Warnung wirkungslos, Weiber werden Wasserleichen, Wattführer wird wahnsinnig.

Xanthippe xerographiert x-mal Xavers xante-
ner Xylophonnoten.

# Y

Yvonnes Yoga-Yacht Yin-Yang: yippie!

# Z

Zehn zähe Zenzis zähmen zehn Zebras, zerfransen Zaumzeug. Zwanzig Zeugen zittern, zerbeißen zarte Zitronen. Zebras zotteln zahm zum Zoo. Zugegeben: zugfeste Zügel zerren Zebras zurück. Zusammen ziehen Zuschauer, Zenzis, Zebras zum Zwinger. Zwischendurch zwingen zwölf Zwerge Zenzis zum Zahlen: Zoll. Zwecklos zu zanken. Zukünftig züchten Zenzis zottelige Ziegen zum Zweck, Zoll zu zermürben.

# A - Z

Auf blauem Chintz danken elf Fernfahrer
gerne heute ihren jungen Kameraden, lassen mal
nur Orangensaft pur quer runterlaufen. Saufen tut
ungut. Verantwortung wird x-mal Youngstern zu-
gemutet.

## Danke

an alle, die mich unterstützt haben:

Dirk, der mich seit vielen Jahren auf Händen trägt, was weiß Gott nicht mehr so leicht ist…

Martin, der mit Kritik, sowohl positiv als auch negativ nicht hinterm Berg hält und mich so anspornt, besser zu werden.

TrioLit, mit denen ich immer wieder neue und spannende Abenteuer erleben darf.

Das Leben, das Anregungen in Hülle und Fülle bereit hält.

## Über Maja Vandenwald:

Maja Vandenwald ist die Witwe des Staatsanwalts Berthold Vandenwald, wohnt in einem kleinen Bungalow am Stadtrand von Menden. In ihren Büchern verarbeitet sie Eindrücke und Erfahrungen aus ihrem Leben.
In diesem Buch allerdings jongliert sie mit Wörtern. Autobiographische Züge sind nicht gewollt und wären rein zufällig.

www.majavandenwald.jimdo.com
www.facebook/MajaVandenwald
udm.spieckermann@t-online.de
Bestellungen über www.triolit.de

Bisher erschienen:

**Shortmord**
120 gereimte Kurzkrimis
Bis Herbst 2017 Verlag Wortspiel Literatur e.V.
ISBN 978-3-9355500-16-6
Preis: 8,90 €
(Ab Herbst 2017 mit neuer ISBN bei BoD)

Es gibt Krimis in inflationärer Menge, aber es gibt nur ein „Shortmord".

Kurze, böse, spannende Krimis in Reimform und durchnummeriert – Maja Vandenwald schildert Verbrechen auf eine Weise, die den Leser hin- und herreißt zwischen Niedertracht und Komik.

www.majavandenwald.jimdo.com
udm.spieckermann@t-online.de
Bestellungen über www.triolit.de/Buchshop

**Vers(s)trickungen des Alltags**

der tägliche Wahnsinn in Reimen

Verlag Wortspiel Literatur e.V.

## Vers(s)trickungen des Alltags
der tägliche Wahnsinn in Reimen
Preis: 8,90
ISBN 978-3-744855-80-8
Preis: 8,90 €

Maja Vandenwald ist den Begebenheiten des Alltags in Versen auf der Spur und zeigt uns die humorvolle Seite der Verstrickungen, die wir im Alltag häufig erleben.
Ob Jahreszeiten, Männer, Frauen oder Kinder: Maja Vandenwald nimmt alles aufs Korn und lädt dazu ein, die Dinge nicht zu ernst zu nehmen und auch im Alltag das Schmunzeln nicht zu vergessen.

www.majavandenwald.jimdo.com
udm.spieckermann@t-online.de
Bestellungen über www.triolit.de/Buchshop

**Shortmord 2**
weitere 101 gereimte Kurzkrimis
Nr. 121 – 221
ISBN: 978-3-743181-7-00
Preis: 8,90 €

Wer Shortmord mag, wird Shortmord 2 lieben!
Maja Vandenwald unterhält mit weiteren 101 Kurzkrimis.
Noch böser, noch spannender.

Shortmord 2 – die Version für fortgeschrittene Fans des schwarzen Humors.

www.majavandenwald.jimdo.com
udm.spieckermann@t-online.de
Bestellungen über www.triolit.de/Buchshop

Glitzlichter
Das Weihnachtsbuch von TrioLit
Ubabu Verlag
ISBN: 978-3-00-054266-4
Preis: 9,90 €

TrioLit schenkt nun der Welt zum Fest der Liebe
dieses sauerländisch angehauchte Weihnachts-
buch:
Ein Werk mit Herz, Schmerz, Sex und Krimi.
Es möge Ihnen viele schöne, entspannende, aber
auch mörderische Glitzlichter bescheren.

Bestellungen über
www.triolit.de/Buchshop
info@triolit.de